LE BILL MAC-KINLEY.

SES EFFETS SUR LE COMMERCE EUROPÉEN.

LES ÉLECTIONS AMÉRICAINES ET LEURS CONSÉQUENCES

par S. H.

PARIS,
H. GATEAU, LIBRAIRE (BYRON LIBRARY)
6, rue Castiglione, 6

BRUXELLES,
L. SERMON & FILS, LIBRAIRES-ÉDITEURS
159, Boulevard Anspach, 159

1890

TABLE DES MATIÈRES.

PRÉFACE OU AVANT-PROPOS

Les renseignements qui ont servi à l'élaboration de cet opuscule, ont été empruntés à des documents consulaires, à des publications diverses et à des périodiques belges et étrangers, parmi lesquels on peut citer : l'*Indépendance*, *la Meuse*, l'*Opinion*, le *Journal des intérêts maritimes*, etc., les *Débats*, la *Frankfurter Zeitung*, le *Berliner Tageblatt*, le *Times*, le *Daily News*, le *Standart*, etc. etc.

Le but qu'on s'est proposé était de présenter sous un petit volume un résumé assez complet de la situation politique et financière des États-Unis et d'exposer dans ses grandes lignes les effets que le Bill Mac-Kinley peut exercer sur le commerce européen; enfin, de faire connaître les élections américaines et d'en rechercher les conséquences éventuelles.

Novembre 1890.

S. H.

CHAPITRE I.

Coup d'œil sur la situation politique et financière des États-Unis. — Accroissements de dépenses. — Nécessité de créer des ressources.

Il y a dix huit mois, à peine que le président Cleveland a été remplacé au pouvoir par M. Harrison, et quels énormes changements ne se sont pas déjà produits aux Etats-Unis depuis cette époque ! L'encaisse du trésor de la Grande République était de 150 millions de dollars, constituant un boni ou excédent sur les dépenses, à l'avènement de M. Harrison.

Le bien être dont jouissait alors le pays était tel, que M. Cleveland et ses conseillers s'étaient demandé, vu l'état si prospère des finances s'il n'y avait pas lieu de reviser les tarifs douaniers, de manière à pouvoir diminuer les contributions, de ne plus exiger que le strict nécessaire, ou de prendre des mesures pour faire cesser l'amoncellement progressif à Washington, des capitaux, qui enlevés de la circulation, cessaient de contribuer à la prospérité générale.

Quoiqu'il soit difficile de se rendre compte exactement de cette situation, on peut cependant se faire une idée du développement progressif des Etats-Unis, sous certains rapports, par quelques chiffres recueillis dans les statistiques établies avec soin pour les diverses industries, et qui permettent de faire des comparaisons, dans les branches principales de l'activité humaine.

On évalue le capital utilisé en 1890 dans le commerce, l'industrie, le travail du coton, de la soie, du papier, le bois, le fer et l'acier, les constructions maritimes, les céréales, le bétail, etc., à la jolie somme de 1,784,740,000 liv. st , tandis qu'il n'atteignait que 1,165,015,000 liv. st. en 1880, offrant ainsi un écart de 619,725,000 liv. st. ou de plus de 16 milliards de francs !

Le nombre d'ouvriers en 1890 est de 1,274,300; il était en 1880 de 845,000, dont les salaires étaient de 256,795,000 liv. st., alors qu'ils sont aujourd'hui de 350,690,000 liv. st.

La valeur des outils, engins, instruments, etc., s'est élevée, de 1,197,204,000 liv. st. en 1880, à 1,576,302,000 liv. st. en 1890, et la fabrication totale, valant 1,774,127,000 liv. st. en 1880, monte à 2,293,780,000 liv. st. en 1890, soit encore une différence, après dix ans, se chiffrant à plus de 500,000,000 de liv. st., ou plus de 12 milliards de francs. La progression croissante à été de 50,000,000 liv. st. pour l'industrie et les métaux et le double de cette somme pour l'ensemble des autres branches.

Le rendement en froment, maïs, orge, avoine, sarrasin, etc., pendant les dix dernières années, s'est élevé de 44.3 p. c. et sa valeur a augmenté de 30 p. c.

Après la guerre de Sécession, la dette nationale était de 3,000,000,000 de dollars et aujourd'hui elle est réduite à 800,000,000 dollars, c'est-à-dire que les trois quarts en ont été amortis en vingt-cinq ans; c'est le double de la dette que les Anglais ont mis soixante-quinze ans à éteindre après Waterloo ! De plus, à l'avènement du président actuel Harrison, la situation du Trésor était tellement florissante qu'il y avait un excédent de 150,000,000 de dollars, laissé par les démocrates du gouvernement de Cleveland ! Il y a un peu plus d'une bonne année de cela.

Ce magnifique résultat avait été obtenu par une gestion remarquable et par l'élévation des droits de douane établis surtout en vue d'éteindre la dette au plus vite.

Mais aujourd'hui, la grande République est loin de cette situation florissante, et si elle ne parvient à créer de nouvelles ressources, le boni de 750 millions de francs sera bientôt transformé en un déficit dont le chiffre serait actuellement difficile à établir.

Une des grandes causes de ce nouvel état des choses est le relèvement et l'octroi des pensions militaires. Accordées, sous les présidents Grant et Garfield, a tous les blessés ou aux veuves des combattants pour la République, elles s'élevèrent d'abord à 25 millions de dollars, puis à 35, payés annuellement par le Trésor. Ces anciens généraux estimaient alors ces chiffres très-suffisants. On comprend qu'après la guerre de Sécession les vainqueurs, tout-puissants à Washington, accordèrent sur le budget de l'Union des pensions bien méritées d'ailleurs, aux invalides de l'armée du nord.

En 1864 il y avait de ce chef : 85,986 personnes recevrant en toutes 8,525,153 $ (dollars). Leur nombre alla en augmentant régulièrement jusqu'en 1873 et il y avait alors : 238,411 personnes recevrant 29,185,289 $.

Puis naturellement par la mortalité, le nombre se réduisit, il était en 1878 de : 223,998 coûtant 26,844,415.

Mais dans le but de capter le vote des vieux soldats, les deux partis se disputèrent l'honneur d'étendre les catégories de personnes sujettes à être pensionnées et les Chambres votèrent, et le Président approuva d'énormes augmentations, ainsi en 1886, on en comptait 365,782 recevrant 64,584,27, soit une augmentation de 140,000 personnes!

En 1887 nouvelle augmentation qui élève le chiffre à 75 millions de dollars et comme les Chambres avaient voté un nouveau principe ainsi conçu : « *Aura droit à une pension, disait le Bill, quiconque, ayant à une époque quelconque servi dans l'armée, se trouve être ajourd'hui infirme ou invalide.* » Le Président Cleveland, opposa son veto au Bill voté par les deux Chambres.

Mais le 31 Mai dernier (1890) la question aggravée reparut de nouveau sous la présidence de M. Harrison et le texte en fut voté le 11 Juin à la Chambre, le 23 au Sénat et approuvé le 27 Juin par le Président. Voici quel était ce nouveau Bill, dont le titre suffit, pour en faire comprendre l'importance :

« Un acte accordant des pensions aux soldats et marins « qui ont été mis hors d'état de travailler (incapacitated) « par l'accomplissement d'un travail, et assurant des « pensions à leurs veuves, enfants mineurs et aux parents « soutenus par eux. »

En suite du vote de ce bill, le 30 Juin 1890 (fin de l'année budgétaire), le nombre des pensionnés était de 537,914, soit une augmentation de 172,161 depuis 1886!! et plus de 10,000 demandes sont encore à examiner par le bureau des pensions qui à du s'adjoindre plus de 400 nouveaux employés. Le chiffre des pensions auquel le gouvernement s'est arrêté pour 1890 est de 167 millions de dollars!!!

De cette façon on comprend que les dépenses augmentèrent dans des proportions effrayantes. Elles étaient en 1878, pour l'Union, annuellement de 88 millions de dollars ; en 1880 elles dépassaient 162 millions; elles montent à 209 millions en 1887 et 245 en 1889 Le budjet de 1890 s'élevait à 286 millions et celui qui a été voté par le Congrès, avant de se présenter devant les électeurs était de 340 millions de dollars pour les dépenses annuelles, sans compter les dépenses dites permanentes, qui reviennent tous les ans, et qui ont été votées une fois pour toutes (101 millions) plus une dépense d'une vingtaine de millions pour travaux publics, dépense qui ne revient que tous les deux ans. Ce sont de bien gros chiffres, ils ne semblent pas effrayer les américains, mais on conçoit sans peine combien profond, sera le trou creusé dans le trésor public par ces quelques mois d'extravagance républicaine

En résumé, la dette, à la fin de la guerre en 1866, était de près de trois milliards de dollars pour une population de trente millions d'habitants. Aujourd'hui, pour une population double, il faut pourvoir à amortir des majorations de charges de 1,900 millions, ce qui, sans être menaçant, demande cependant une gestion prudente et non, inutilement prodigue!

Aussi les bills Mac-Kinley n'ont ils pour but que de remédier à cette situation difficile qui pourrait amener une catastrophe.

Le premier de ces bills (administrative tariff bill) n'a en vue que des formalités administratives ou des difficultés tracassières pour l'entrée dans le pays des produits de l'étranger. Au point de vue du commerce, des relations, c'est déjà grave; mais le second bill (tariff bill) présente un caractère d'une importance autrement préjudiciable aux Européons. Il a pour but d'élever considérablement les droits actuels — parfois de 40 à 50 p. c. — et de prohiber même, pour certains pays, sur la simple décision du Président, les produits étrangers, au cas où ces pays ne feraient pas bon accueil à ceux des Etats-Unis! Ceci est surtout en vue du bétail, des céréales, etc.

Le second bill accentue encore le caractère comminatoire de toute cette législation, en ce sens que c'est au président de la République qu'il laisse le soin d'appliquer les nouveaux tarifs, ou de les laisser eu suspens, selon qu'il s'agira de marchandises provenant de pays, qui traitent avantageusement les produits américains, ou de pays qui les soumettent à une inspection hygiénique. On a qualifié ces dispositions de « coup d'Etat économique et politique » et non sans raison. En réalité, elles font plus que compromettre les relations commerciales de l'Europe et du Nouveaux Monde. Elles constituent en Amérique même, un fait excessivement grave: elles arment, le président de la République de pouvoirs discrétionnaires, pour ainsi dire absolus. Un journal de New-York *l'Evening Post*, a fait remarquer que l'esprit, même de la Constitution américaine se trouve faussé, violé par ces mesures qui menacent la liberté même, des citoyens américains, et auxquelles tout précédent a fait défaut, depuis l'abolition de la monarchie absolue.

C'est donc à un isolement que la République semble vouloir aboutir, et à l'éloignement du trafic étranger en général, se réservant avec ses 65 millions d'habitants, de fabriquer chez elle, avec les matières premières, toutes les choses nécessaires de nos jours, ou bien de faire passer l'industrie anglaise, française, allemande, belge, etc., sous les fourches caudines de ses tarifs de douane énormément relevés.

Et, pour se faire une idée des droits perçus à l'entrée sur les produits manufacturés, textiles et les métaux, il suffit de rappeler qu'en 1888 ceux-ci ont été d'environ un milliard de francs, répartis, en chiffres ronds, comme suit:

Lainages, 270 millions; *fers et aciers ouvrés*, 220 id.; *soieries*, 182 id.; *cotons fabriqués*, 140 id.; *tissus de chanvre, fil, lin*, etc., 135 id.; soit 947 millions ! ! !

Quant à l'Europe, elle ne pourrait se passer que difficilement des immenses ressources des produits des Etats-Unis, qui, à l'exportation en 1888, se sont chiffrés par plus de quatre milliards et cent millions de francs et se divisent comme suit: *Coton brut*, 1,330 millions; *céréales et farines*, 625 millions; *viandes fraiches et salées*, 550 id.; *bétail*, 125 id.; *pétrole*, 250 id.; etc., etc.

Que pourra faire l'Europe? Il lui serait difficile de prendre des mesures restrictives réciproques; les États-Unis, d'autre part, pourront continuer aisément de fabriquer chez eux, et la population des États de l'Union, répartie dans quarante États et dispersée sous les latitudes les plus variées de climat, pourra chez elle, sans droits aucuns, écouler les produits les plus divers, de son sol et de son incomparable industrie, dont les riches représentants bénéficieront encore grandement par ce régime protecteur, pour lequel ils accorderont, d'ailleurs, à titre de remerciment, un appui bienveillant au gouvernement républicain d'aujourd'hui !

Les élections nécessitent là bas d'immenses capitaux pour frais de publicité, propagande, meetings, journaux, etc.; c'est donc aussi pour le gouvernement une arme excellente que ces droits énormes favorisant les industriels qui, à leur tour, peuvent fournir les fonds en cas de compétition, et l'on se rappellera que le président Harrison n'a dû son élévation, comme chef de l'État, qu'au concours financier des riches industriels de Pennsylvanie et du Nord-Ouest.

Les élections de 1892 ne sont plus très-éloignées et l'on comprend le désir des républicains de s'attirer la sympathie de certains appuis financiers, mais il n'est pas certain, en présence du mouvement qui se fait déjà aujourd'hui dans le pays, tant à cause de la mauvaise gestion financière qu'à la suite de la protection à outrance, qu'un revirement ne se produise dans l'opinion et qu'elle ne renverse les républicains pour amener les démocrates de nouveau au timon des affaires.

Aussi le gouvernement cherche-t-il par une autre loi « *Force bill* », ou loi de contrainte, a assurer dans les élections futures la majorité au parti républicain. Par cette loi, le parti républicain compenserait dans les Etats du Sud les pertes qu'il redoute dans les Etats de l'Ouest et du Nord. Déjà par la création de nouveaux Etats, les républicains se sont assurés au Sénat une majorité d'une dizaine de voix qui leur garantit la possession de ce grand corps, en dépit de tous les changements probables jusqu'en 1895 ou 1896. C'est-à-dire jusque par de là l'élection du nouveau président. Malgré cette loi, du Force bill, l'exagération des dépenses pour pensions militaires, s'élevant a plus de

700 millions semble être d'un heureux augure pour les démocrates aux futures élections et un journal *indépendant* le New-York Hérald, disait a propos du Force bill. « *Le peuple dans toutes les parties du pays a compris que le but de la loi est de sauver les républicains et nullement de sauvegarder l'honnêteté du scrutin. Le désir général d'une épreuve loyale, s'oppose à une mesure qui peut livrer le pays à de terribles accidents.*

La loi n'aura pas d'effet en Pennsylvanie aussi longtemps que cet état sera républicain. Ce n'est que là où les éléments démocratiques sont en majorité que l'on peut y espérer quelques succès. Le parti républicain est perdu dans les Etats du Nord et du Nord Ouest et il espère se refaire dans les Etats du Sud. Voilà en quelques mots, toute la loi.

C'est clair et net.

Le gouvernement en créant autant qu'il le peut de nouveaux Etats, obtient parce moyen pour chacun d'eux, deux sénateurs, c'est-à-dire une voix pour l'élection présidentiellc. C'est ainsi que *Idaho* et *Wyoming*, créés Etats ont donné 4 senateurs ou deux voix, bien qu'ils n'aient guère la population d'un district de New-York.

New-Mexico et Arizona, quoique plus peuplés qu'Idaho, n'ont pas été élevés, au rang d'Etat, parcequ'ils sont démocrates !

Ces quelques lignes font comprendre la situation générale politique et financière de la grande République et l'origine du Bill Mac-Kinley.

CHAPITRE II.

Bill Mac-Kinley. — Relations commerciales des Etats-Unis. — Conséquences qui s'en déduisent.

C'est le 1er octobre dernier que le président Harrison signa le fameux bill Mac-Kinley. Voici à ce sujet quelques détails :

Après le vote de la Législature, le président Reed, de la Chambre, et le vice-président Morton, du Sénat, signèrent la loi qui fut transmise par les soins du secrétaire Halfort dans le cabinet du président Harrison. Là se trouvaient en ce moment le sénateur Aldrich et les représentants Max-Kinley, Perkins, Mason et quelques autres. Le premier ministre Blaine et le sénateur Aldrich, assis sur un sopha, se levèrent quand le Président s'apprêta à signer la loi qui lui était soumise.

— Tremblez-vous! demanda en souriant le Premier, M. Blaine.

— Nullement, répondit M. Harrison, je suis en état d'apposer une bonne signature. — Et regardant M. Mac Kinley, il lui demanda: Voulez-vous la plume après que j'aurai signé? — Le Président signa: *Approuvé le* 1er *octobre* 1890, *Benj. Harrison.*

Et le député de Chicago, M. Mason. demanda au Président, avec la permission de M. Mac-Kinley, la plume avec laquelle il venait de signer ce bill qui doit porter une si grande perturbation dans le commerce du monde en général ! Il avait suffi de deux minutes pour accomplir cet acte dont la portée aura des conséquences incalculables.

Cette loi est due naturellement, à l'accord complet, existant entre les républicains disposant de la majorité, dans les deux Chambres de ce 51e Congrès des Etats-Uuis, dont le souvenir demeure à jamais impérissable. C'est la première fois, d'ailleurs, que, depuis sept ans, ils ont cette majorité, et il n'est pas certain qu'ils la conservent longtemps. En Novembre, des élections pour la Chambre peuvent modifier sa composition actuelle, car ce bill produit une si vive émotion et a tant fait renchérir toutes les matières, qu'il est incontestable qu'un vif mouvement de réaction peut se produire.

Des élévations de droits aussi subites ont donné lieu à toute espèce de spéculations et ont pu, en quelques jours, assurer des fortunes. Ainsi, les tabacs, qui étaient côtés 25 *cents*, ont subi une augmentation de *deux dollars à la livre*. Tous les grands négociants, qui avaient pris leurs mesures dès le commencement de l'année, ont gagné des sommes folles, en faisant acheter tous les tabacs disponibles aux Etats-Unis, dans les pays voisins, et même en Europe et aux Indes hollandaises. Des agents se sont rendus a Rotterdam, à Amsterdam, à Brême, et ont tout acheté.

De Rotterdam, le navire *Spaarndam*, parti le 17 Septembre, est arrivé le 29 à New-York, procurant aux armateurs un bénéfice de plusieurs millions, et permettant au capitaine de toucher 25,000 dollars qui lui avaient été promis télégraphiquement, avant son départ, s'il arrivait en temps, c'est à-dire avant le 1er octobre. Dès son arrivée, il les a touchés au milieu des acclamations et des félicitations des heureux Américains.

Ces importateurs privilégiés réalisent donc d'immenses bénéfices et si, actuellement, le prix d'un cigare varie de 5 *cents* à 25 *cents*, on conçoit ce qu'il coutera avec les nouveaux droits. Fumer est déjà une dépense grande et bientôt ce sera du luxe. Il est certain que l'avenir réserve à la fabrication des cigares de durs mécomptes. C'est par millions que le nombre de cigares forcément se réduira. Ceci n'est qu'un article, mais il en est de même pour tous: ils ont subi des majorations énormes, des *prix Mac-Kinley*, comme on dit déjà; avec la prétention de vouloir protéger l'industrie, le consommateur payera tout énormément plus cher.

Les industriels seuls auront de beaux jours: ils fabriqueront davantage, gagneront des fortunes, sans que l'ouvrier en profite, car une majoration de salaire ne compensera pas l'élévation des prix de toutes choses.

Le blé augmente déjà et le Canada ne peut plus lutter sous ce rapport sur les marchés des Etats-Unis. Il cherchera et trouvera assurément d'autres débouchés, ce que devront faire aussi les Etats d'Europe.

La grande République a voulu s'isoler du monde, elle désire, protéger quelques industriels déjà colossalement riches et sait qu'elle peut, avec ses 60 à 65 millions d'habitants et son vaste territoire, sous toute latitude, se suffire à elle-même, au moins pendant quelque temps. Seulement, un revirement se fera inévitablement, mais quand? Voilà la question.

Quant aux conséquences immédiates pour l'Europe, il n'est que trop clair qu'elles sont incalculables et que, malgré tous ses désirs, l'Europe ne pourra qu'opposer une prudente attention et réserve, aux graves mesures qui la frappent.

A cet égard, un examen attentif peut faire voir la véritable situation de ses relations actuelles et ce qu'elles peuvent devenir plus tard.

Un coup d'œil sur les chiffres ci-après en dira plus que bien des volumes; ainsi, le tableau ci-après renseigne en dollars le mouvement commercial des Etats-Unis.

Tableau A.

Années	Importations	Exportations		Excès de l'exportation sur l'importation.
1860	353,616,119	316,242,423	—	37,373,669
1870	435,958,408	455,288,341	+	19,249,933
1880	667,954,746	823,946,353	+	155,991,706
1888	723,957,144	683,832,104	—	40,095,010
1889	745,131,652	730,282,609	—	14,849,043

Avant 1860, les importations surpassaient toujours les exportations et les Etats-Unis étaient désignés, au commerce extérieur de toutes les nations européennes.

Pendant les années de 1860 à 1870, cette situation se modifie, et en 1880, comparativement, on remarque une augmentation, à l'importation, de 85 pour cent, et de 160 pour cent à l'exportation, qui se traduit par un excès d'environ 156,000.000 de dollars. Ces chiffres colossaux ne se maintiennent guère à l'exportation, qui accuse une différence en moins de 40 et de 15 millions de dollars pour 1888 et 1889.

Le tableau ci-après constate d'un peu plus près le développement du commerce, en comparant les matières, premières ou travaillées partiellement, avec celles complètement fabriquées, à l'importation et à l'exportation.

Tableau B.

	Années	Matières premières ou peu travaillées	0/0	Matières fabriquées	0/0
Importations	1860	92,351,809	26.12	261,264,310	73.88
	1870	127,954,912	29.26	308,363,496	70.74
	1880	244,255,736	36.56	423,699.010	63.44
	1888	301,940,119	47.71	422,016,995	58.29
	1889	316,839,836	42.52	428,291,816	57.48
		Produits de la terre	0.0	Produits industriels	0/0
Exportations (1)	1860	256,560,972	81.14	45,658,873	14.43
	1870	361,188,483	79.34	47.921,154	10.53
	1880	685,961,091	83.25	79,510,447	9.65
	1888	500,840,086	73.23	130,300,087	19.05
	1889	532,141.490	72.87	138,676,507	18.99

On conclut de l'examen de ces tableaux que l'industrie aux Etats-Unis est très-prospère, et le chiffre de 92 millions en 1860, élevé à 317 millions environ en 1889, le prouve à l'évidence: il est majoré d'environ 250 p. c. et le p. c. à *l'importation* s'est élevé de 26 à 43 p. c. dans ce même temps.

A *l'exportation*, les chiffres montrent une continuelle progression, qui de 46 millions en 1860 arrive à 139 millions de dollars environ, en 1889. Soit presque une augmentation de 20 p. c., qui se traduit en p. c. de 14 à 19, dans l'évaluation totale.

Les matières fabriquées ont à l'importation monté de 261 millions à 428 millions, quoique dans le p. c. général elles descendent de 74 à 57.

On ne peut donc *pas dire que c'est à la fabrication*

(1) Ne sont pas compris les bois, la pêche et les mines.

étrangère qu'est dû le tarif-bill Mac-Kinley. Cette concurrence n'est pas établie par les tableaux ci-dessus: mais voici où l'on peut et où l'on doit en chercher la raison: Les exportations des produits du sol en général ont monté de 1870 à 1880 de 361 millions à 686 millions, soit de près de 100 p. c., et *ont baissé*, dans les neuf dernières années, pour descendre à 532 millions, soit une différence en moins de 154 millions de dollars!

Voilà la source des difficultés actuelles que le bill Mac-Kinley inflige à l'Europe, qui, en introduisant, il est vrai, la première, des droits sur les blés, et la viande de l'Amérique, a provoqué les Etats-Unis à prendre des mesures sévères de représailles, dont il sera difficile d'atténuer les rigueurs.

Il suffit de se rendre un peu compte des relations commerciales des Etats-Unis avec l'Europe, d'étudier les chiffres d'exportation et d'importation affectés aux différents pays pour se convaincre *du peu d'efficacité que pourrait provoquer à son tour la réciprocité de droits prohibitifs*, même exagérés: en effet, le tableau ci-après le confirmera. Il donne pour l'année pour 1888-1889 le trafic suivant:

Tableau C.

Pays	Importation en dollars	0/0	Exportation en dollars	0/0
Angleterre,	178,269,067	23.93	379,990,131	52.03
Allemagne,	81,742,546	10.97	66,568,695	9.12
France,	69,566,618	9.34	45,110,922	6.18
Italie,	17,992,149	2.41	12,543,928	1.72
Suisse,	13,343,704	1.70	—	—
Pays-Bas,	10,950,843	1.47	14,800,780	2.03
Belgique,	9,816,435	1.32	22,603,406	3.08
Autriche Hongrie	7,642,297	1.03	720,825	0.10

QUELQUES REMARQUES.

A propos du tableau C, il est facile de présenter quelques remarques et d'en tirer quelques enseignements; et d'abord, comme il en a été question, l'Europe peut-elle user de représailles avec succès? On voit au premier coup d'œil que l'Angleterre entre pour 24 °/₀ dans les importations totales des États-Unis et que ce chiffre représente, à lui seul, plus que l'ensemble du mouvement de l'Allemagne, de la France et de l'Italie réunies. On peut dire que les autres pays n'entrent réellement pas en ligne de compte d'une façon sérieuse.

Les deux dernières colonnes permettent de juger de la valeur ou de l'efficacité des représailles que l'Europe pourrait exercer à l'égard de l'Union. On voit que l'Angleterre pourrait entraver ou contrarier l'exportation des produits aux Etats-Unis, pour un chiffre s'élevant au 52 °/₀ du mouvement total de la grande République.

Les chiffres de 9 et de 6 de la France, et de l'Allemagne sont moins à considérer et il y a lieu de faire remarquer que les importations de France et d'Allemagne surpassent d'environ 40 millions de dollars l'exportation :

Il n'y a donc guère que l'Angleterre qui puisse combattre sérieusement les Etats-Unis et sans elle il ne faut pas songer à des mesures de réciprocité, or elle n'y pense nullement, il faut donc, semble-t-il, mieux que l'Europe attende un changement dans l'avenir et qu'elle accepte pour le présent le fait accompli. Il y a plus à attendre des Etats-Unis eux-mêmes que de recourir à des représailles et il faut penser que le temps dissipera les erreurs dans lesquelles quelques hommes les plongent aujourd'hui. A ce sujet les paroles suivantes de Evan Thomas, président du New-York. Produce-Exchange, à propos du bill Mac-Kinley sont à méditer.

« *Je la considère comme une mesure brutale qui nous causera préjudice. Elle fera restreindre nos exportations en grains et en bétail et provoquera l'augmentation de toutes les denrées d'un usage journalier indispensable.* »

C'est net, vrai et prophétique !

Une autre question peut se poser :

Pour quels motifs les bills Mac-Kinley ont-ils été proposés ?

Il y a de nombreuses raisons à donner à ce sujet et parmi elles, il est certain que la situation financière, qui était brillante à l'avènement du président Harrison n'y est pas étrangère. Il y avait à cette époque une bonne année à peine, un boni de plus de 150 millions de dollars, qui non seulement a disparu, mais un déficit s'est créé et il faut le combler. Il est vrai que l'Etat a pris à sa charge de nombreuses pensions civiles et surtout militaires et a voulu largement payer des services rendus.

Une deuxième raison est que l'Etat veut encourager le travail national, en empêchant la concurrence étrangère des produits travaillés ou fournis par l'industrie en général.

De là à frapper de droits élevés, il n'y avait qu'un pas à franchir, et l'Etat y attachait une importance d'autant plus grande, qu'il a le ferme désir d'éteindre au plus vite, l'énorme dette, qui après la guère de Sécession était de 3 milliards de dollars environ.

Enfin le gouvernement américain n'a certes pas dû voir

d'un bon œil, les mesures prises par les pays d'Europe, quant aux droits imposés sur les grains et sur le bétail, dont on rendait ainsi l'accès plus difficile, et ce qui le prouve surabondamment ce sont encore une fois les chiffres: Ceux du tableau A, donnent pour l'exportation, un excès de 156 millions de dollars environ en 1880, et descend en 1888 et 1889, de telle façon que la différence est en faveur de l'importation ! Et si l'on veut se rendre compte, sur quoi le trafic extérieur a tant baissé, il suffit de remarquer au tableau B que de 1870 à 1880 l'exportation a augmenté de 361 à 686 millions ou d'environ 100 %, tandis que de 1880 à 1889 il y a un recul de 154 millions de dollars provenant de la diminution énorme du commerce des céréales et des bestiaux... Ce qui fait ainsi aisément comprendre encore, certains motifs, qui ont pu être de nature à provoquer la loi Mac-Kinley, en vue d'être peu agréable aux pays d'Europe, qui ont suscité des difficultés, à l'entrée du bétail américain.

Et pour prouver de même, que la concurrence des objets fabriqués, à l'étranger, n'est pas entrée en ligne de compte il suffit de montrer au tableau B la progression, des matières premières employées en 1860 (92,351,809 $) à celle de 1889 (316,839,836), soit 26 % et 43 % du mouvement général, pour se convaincre que l'industrie des tissus aux Etats-Unis est très-florissante. — Quant à l'exportation des produits industriels elle était en 1860 de 45,658,873 $ ou de 14 % et en 1889 de 138,676,507 $ ou de 19 % du mouvement général ce qui confirme encore la situation heureuse de cette branche et prouve à l'évidence le développement inouï du travail aux Etats-Unis et le peu d'influence de la concurrence étrangère.

On déduira aisément de ces lignes que la grande République a voulu s'isoler de l'Europe qui s'est montrée fort dure à son égard et a voulu user de représailles tout en favorisant les États de l'Amérique du Sud, avec lesquels par des concessions de réciprocité amicale, elle facilite l'entrée des sucres, mélasse, thé, café, etc., etc , suivant en cela les idées du congrès pan-américain qui s'est tenu l'an dernier à Washington.

Ces relations avec les pays du Sud s'élèvent à l'importation des Etats-Unis à 178,692,377 dollars tandis que le montant des exportations du pays ne s'élevait qu'à 68,104,989 dollars. L'avenir augmentera certainement et dans de fortes proportions ce dernier chiffre, pour les Etats-Unis, qui trouveront amplement dans l'Amérique du Sud et le centre Amérique, des débouchés pouvant remplacer ceux de l'Europe, dans l'éventualité peu probable du ralentissement des relations commerciales avec elle.

Les Etats-Unis offraient un immense champ au commerce européen avant le bill Mac-Kinley, qui le leur ferme. Les industriels américains pourront lutter désormais quant aux prix, ce qui leur était impossible avant, vu l'élévation de la main d'œuvre. Ils en profiteront, mais en général ce sera l'ouvrier qui subira la différence de prix qui déjà se fait sentir. Il sera plus difficile à l'Europe de se passer des Etats-Unis comme on pourra s'en convaincre en jetant un coup d'œil sur ces données.

En 1889 les importations principales ont été en :

	Angleterre	Allemagne	France	Autres états européens.
Laines. . . . $	148,297,771	41,623,227	24,354,656	32,338,865
Bétail. . . . $	115,679,140	10,342,545	3,406,159	18,413,045
Céréales . . . $	90,655,079	4,864,004	6,810,147	15,769,535
Pétrole . . . $	9,698,488	8,808,544	5,465,072	10,676,384
Articles pour navires. . . $	9,601,682	2,255,659	—	2,453,724
Tabac . . . . $	8,922,472	4,818,525	1,477,974	5,505,533
Cuirs . . . . $	8,717,431	2,394,549	—	1,408,412
Cuivre. . . . $	6,608,007	730,192	762,126	738,215
Machines . . . $	4,058,537	1,304,858	598,496	984,321
Peaux,fourrures. $	5,136,199	519,431	—	—
Bois . . . . $	2,230,283	291,324	138,630	918,632
Totaux. . . . $	409,615,089	75,252,808	43,013,260	89,201,366

On voit par ces chiffres que les immenses capitaux affluant d'Europe vers l'Amérique du Nord servaient surtout à l'achat des matières premières que nous lui renvoyions fabriquées. Dorénavant cela deviendra difficile et déjà dans plusieurs pays l'industrie est enrayée et a du être restreinte.

Voici encore quelques chiffres qui font voir l'importance croissante du commerce avec les Etats-Unis.

Ils constatent le mouvement pour 1890 jusqu'au 31 Août.

Importations et exportations en 1890.

D'après les rapports officiels qui viennent d'arriver en Angleterre, il résulte que les *importations* aux Etats-Unis pendant les 8 premiers mois de l'année jusqu'au 31 août se sont élevées à liv. st. 36,683,570 pour les objets exempts de droits et à liv. st. 73,295,400 pour ceux soumis au fisc. L'ensemble, comparé, à la moyenne des cinq dernières années, pour le même temps, accuse une augmentation de liv. 17,051,060 sur le total de 109,978,970 livres à l'importation.

Les *exportations* des produits des Etats-Unis se montent à liv. 99,080,335, surpassant de liv. 14,081,165 la moyenne des 5 dernières années, et les produits étrangers exportés s'élèvent à 1,520,166 liv. offrant une moins-value de liv. 267,450.

L'ensemble de l'exportation est ainsi de liv. st. 101,600,501

La répartition des importations comprend :

31,56 °/₀ — blé, bétail etc.
22,21 °/₀ — matières pour l'industrie.
20,23 °/₀ — articles manufacturés prêts à l'usage.
15,02 °/₀ — articles de luxe.
10,98 °/₀ — articles partiellement achevés et devant être employés dans les manufactures, ou dans les arts.

100,00

Dans les exportations des Etats-Unis on compte :

71,71 °/₀ pour produits de l'agriculture, bétail.
20,17 °/₀ » » manufactures.
2,82 °/₀ » » des mines.
4,14 °/₀ » » forestiers.
0,68 °/₀ » » de pêches.
0,48 °/₀ » » divers.

100,00

Les deux premiers articles se chiffrent par 72,857,718 liv. st. et 20,492,820 liv., ensemble plus de 94 millions de livres sterling sur les 101 du total général des exportations.

CHAPITRE III.

Aperçu sommaire rétrospectif des droits imposés aux États-Unis. — Principaux articles européens atteints par le Bill Mac-Kinley. — Relations commerciales de quelques pays. — États-Unis et Angleterre.

C'est en 1789 que les États-Unis décrétèrent les premiers droits. Peu d'articles en étaient frappés à cette époque.

Les objets de coton et de laine furent imposés de 5 %, ceux en fer de 7 ½ %, tandis que le fer brut était exempt.

Le bien être était général dans le pays et cette situation se prolongea jusqu'en 1812, quand la guerre éclata et força le gouvernent de doubler les droits pendant un certain temps. En 1816 après la guerre, ils furent augmentés sensiblement et atteignèrent le chiffre de 24 %.

Un krach terrible, suite de spéculations, amena un grand nombre de faillites et de ruines en 1819. — L'augmentation des droits se fit encore sentir et ceux-ci s'élèvent à 28 et à 32 % en 1824 et 1828. Le mécontentement et le malaise se firent sentir dans le pays. Sous Clay en 1842, il y eu une diminution on descendit à 20 %. Sous le président Polk, le secrétaire d'état, J. Walker établit un nouveau tarif et exempta les matières étrangères, à l'usage de l'industrie. Celle-ci fleurit, les fabriques augmentèrent, un bien être se fit de nouveaux sentir jusque vers 1857, quand le Congrès remit en vigueur les droits comme en 1812.

La guerre éclate en 1863 et elle réclame du sang; et de l'argent, ce qui amena une nouvelle augmentation de tarifs et depuis 1874 de nombreux articles sont frappés et dans des proportions variant de 20, 30 ou 40 %. Enfin les derniers bills du 1r Octobre 1890, modifient complètement les droits et élèvent pour certaines matières des surtaxes allant jusque 100, 150 et même 200 %.

Voici une liste sommaire des principaux articles européens dont l'exportation est frappée par l'application du bill Mac-Kinley :

En Allemagne : Les vins, les bières, les liqueurs, les tabacs, les articles de Barmen, de Gladbach (tissus de coton), de Nuremberg, la peauserie, les fourrures, la librairie.

En Autriche: Les sucres, les vins, les bières, la ganterie et la maroquinerie.

En Suisse : Les tissus de coton, les broderies et les soieries de Zurich.

En Belgique: Les cotons, les tabacs et tous les ouvrages en fer et en acier.

En Suède et en Norwège: Les fers et les allumettes.

En Hollande : Les tabacs, les conserves alimentaires, les tissus et les papiers.

En Italie: Les vins, les fruits, la soierie, les marbres et les papiers.

En Espagne et en Portugal : Les vins, la bonneterie de Catalogne et les tabacs.

En Angleterre : Les cotonnades, les soieries, les machines, les confections, les fers, etc.

La Russie, par la similitude de sa production agricole

et l'intransigeance de ses tarifs douaniers, n'est intéressée que d'une façon indirecte au changement.

La France a obtenu certains tempéraments, qui allégeront en quelques points les rigueurs du nouveau tarif.

La nouvelle loi douanière des Etats-Unis est entrée en vigueur le 6 octobre; toutefois, le délai pendant lequel les marchandises commissionnées en réserve dans les entrepôts américains pourront bénéficier de l'application de l'ancien tarif, est étendu jusqu'au 1er février 1891.

Relations commerciales entre les États-Unis et l'Angleterre.

Comme on a pu le remarquer dans les tableaux A, B, C, ci-avant, c'est l'Angleterre dont le commerce est le plus considérable d'ailleurs, qui semble devoir être la plus mal traitée par les nouveaux tarifs. D'après l'opinion du chef du parti libéral, Mr Gladstone, ancien ministre, il n'en serait pas ainsi. Il y a lieu d'entrer à ce propos, dans quelques détails qui sont puisés dans son dernier discours prononcé en Ecosse, à Dundée le 29 octobre dernier, où il examinait la situation créee au commerce de l'Angleterre et du monde entier, par le tarif Mac-Kinley.

Mr Gladstone estime que par son application les Américains seront plus lourdement atteints que l'étranger et qu'il n'est nullement prouvé que ce tarif servira de barrière aux importations des produits étrangers en Amérique.

Les premiers effets seront de les restreindre, mais les exportations subiront le même sont; car il est prouvé par les lois économiques que les exportations d'un pays paient ce qu'il importe ; ensuite les prix s'élevant sur toute chose en Amérique, renchériront naturellement le coût de la production. Les Etats-Unis sont dans la nécessité d'exporter leurs céréales, salaisons, leur bétail etc. que d'autres grands pays de l'Europe ont d'ailleurs besoin. Ils seront donc, mutuellement obligés à faire des échanges.

Si d'autre part le manufacturier d'Europe perd en partie le marché Américain, il regagnera les marchés de consommation où la concurrence de l'industriel Américain l'avait écarté et où celui-ci, par les prix haussés ne pourra plus, à son tour rivaliser avec succès.

Il n'est pas prouvé que l'industriel européen perdra complètement le marché des Etats-Unis, et pour une autre raison que celles indiquées plus haut. Il est à remarquer que le nouveau tarif pèse surtout, sur les articles de moindre valeur, de qualité secondaire. C'est ce qu'a fait ressortir M. Gladstone, et l'on peut aisément s'en convaincre par l'examen de la loi Mac-Kinley. L'exemple de M. Gladstone se porte sur les tissus du Lancashire ; les qualités inférieures payent un droit équivalant à 120 p. c. de leur valeur, les tissus plus coûteux, 70 p. c. Les autres exemples sont nombreux. Ce sont donc les articles de valeur et de qualité inférieure que le fabricant américain pourra produire avec le meilleur profit; ce seront les articles destinés à la consommation des masses. L'Américain cherchera à fabriquer du commun ; l'étranger au contraire, doit chercher à produire le beau. L'industrie américaine s'avilira; celle d'Europe, d'estinée à fournir la demande américaine, s'améliorera, et l'on verra, comme par le passé, les classes aisées des Etats-Unis préférer le produit européen, plus précieux et de meilleur usage, au produit indigène, en dépit de la différence de prix et des tarifs. Si le protectionnisme était conséquent avec lui-même, il interdirait simplement toute importation de l'étranger.

Il y a une période d'épreuve à traverser pour toutes les industries qui jusqu'ici ont trouvé aux Etats-Unis leurs meilleurs clients. Mais cette période, qui est due au changement subit opéré par la mise en vigueur du nouveau tarif, ne durera pas plus de temps qu'il n'en faudra pour établir les nouvelles conditions des rapports économiques entre les Etats-Unis et l'Europe, rapports dont ce qui précède montre, croyons-nous, la tendance.

C'est l'article de prix, le produit de valeur, qui trouvera dorénavant un marché en Amérique, mais le producteur étranger aura sa compensatiou sur les autres marchés où la concurrence américaine est condamné à disparaître.

Que les industriels d'Europe fassent comme les Anglais, qu'il se portent sur ces autres marchés, il aura ample compensation.

Il est à remarquer que les pays les plus prompts à s'enflammer contre le tarif Mac-Kinley sont des pays protectionnistes, comme l'Allemagne et la France. On parle de représailles; cette idée est à repousser totalement. C'est des Etats-Unis que doit procéder l'abrogation du nouveau tarif, et pour peu qu'on veuille bien en donner le temps à la grande République du Nouveau-Monde, elle en viendra à bout. Elle est riche, elle possède d'énormes ressources naturelles, son commerce intérieur, grandira avec une population sans cesse croissante. La leçon du protectionnisme sera lente à s'inculquer chez elle. Mais cette leçon est déjà apparente; les masses apprennent que le régime protecteur enrichit quelques classes aux dépens de la nation, que ce n'est pas l'étranger qui paye les droits imposés par les tarifs, mais le consommateur indigène, et que si les salaires augmentent de dix, ou de vingt pour cent, la vie coûte, trente ou quarante pour cent de plus, qu'autrefois. Les libre échangistes forment déjà un parti influent aux Etats-Unis, le temps et le régime protectionniste feront le reste. Ce n'est pas maintenant que l'industrie de l'ancien continent doit regretter l'attitude des Etats-Unis, c'est le jour ou l'Amérique aura adopté le libre-échange, qu'elle sera devenue une puissante rivale pour la vieille Europe ; c'est pour cette échéance, que l'ancien monde doit se préparer et M. Mac-Kinley et son tarif ont assuré et hâté l'avénement de cette rivalité.

Voici d'ailleurs un résumé partiel, des grands points du discours de M. Gladstone, que le *Times* dans le n° 33,156 du 30 octobre dernier expose en trois grandes colonnes:

« Les intérêts, de Dundée, que je me rappelle avoir visité déjà en 1837, et qui depuis s'est développé d'une manière si remarquable, grâce à son activité industrielle et commerciale, semblent dit-on, menacés, par les nouveaux tarifs américains, portant le nom de Mac-Kinley. Il n'en est rien cependant, à mon avis, et me souvenant des grandes idées de l'Ecossais Adam Smith, de Pitt, de Sir Robert Peel, et de Cobdem, dont l'Angleterre s'honore, tous disciples convaincus du libre échange, j'espère vous prouver qu'ils étaient dans le vrai, pour le bien être général du commerce. Je ne désire nullement, critiquer amèrement les mesures prises par les Etats-Unis, je ne puis oublier les sentiments de gratitude que les Américains m'ont témoignés à diverses reprises, mais je crois aussi avec une profonde conviction, que l'augmentation des droits protecteurs aura pour résultat, d'augmenter les prix de toutes choses aux Etats-Unis, et qu'il en résultera pour ses habitants, des charges plus ou moins lourdes, sans qu'il en découle des avantages compensateurs dans la main d'œuvre ou les salaires.

« L'histoire nous renseigne que l'Angleterre, il y a 50 ans à peine, frappait 1200 articles de droits. Aujourd'huï il n'y en a plus guère qu'une dizaine, qui soient dans ce cas. En Amérique au contraire, depuis 1874 les tarifs atteignent 1492 articles, mettons 1500. En les voyant d'un peu plus près, j'ai trouvé qu'il y en avait soumis, à 60 °/₀ ad valorem et je n'ai pas continué l'examen quand j'ai vu parmi eux, les silex et la chaux ! Je critique autant, ces énormes droits en Amérique, que je les trouverais mauvais si nous les établissions pour l'étranger, sauf par nos colonies et bientôt le commerce Anglais, se trouverait à son tour fermé partout, sauf dans nos prossessions, car la concurrence nous aurait enlevé la plupart des marchés du globe !

« Qu'est-il résulté pour notre trafic, des droits établis en 1874 sur ces 1492 articles? et nos relations commerciales ont-elles périclité avec les États-Unis ?

« Bien au contraire et en voici la preuve :

« Dans la période quinquenale de 1875 à 1879 qui suivit immédiatement l'établissement des droits, les exportations se montaient en moyenne annuellement à 21 $^1/_2$ millions de livres sterling.

« Dans la dernière période 1885-1889, celle même

moyenne monte à 33 millions de livres sterling, soit une augmentation de 65 %, tandis que l'augmentation du trafic en général n'a été que de 12 %. — C'est donc d'une évidence absolue.

« Et voici, pour ce qui regarde la ville de Dundée, elle-même. Malgré le régime de la protection son développement a été énorme et il résulte des chiffres officiels du consul américain, que l'augmentation commerciale pour la dernière année, a été avec l'Union de 133,000 liv. sterling ou environ 7 %, tandis que pour les deux dernières années elle accuse 385.000 liv. st. ou 25 %. Je pense, qu'entrant ainsi dans le vif de la question, chacun comprendra que les droits prohibitifs n'exerceront pas une influence néfaste au commerce Anglais et qu'il est bien plus à craindre, que les Etats-Unis ne soient eux-mêmes, les plus profondément atteints, car ils se ferment pour l'avenir, les marchés de l'étranger, où ils ne pourront plus lutter avec avantage, à égalité de prix. Quant à exercer des représailles par des élévations, également chez nous, M. Gladstone conjure de ne pas y penser, car ce serait d'abord une faute politique et ensuite un énorme préjudice fait au pays.

« Que l'Angleterre ait foi dans la vérité, tant au point de vue économique que moral et qu'elle nourrisse l'espoir que de l'autre côté de l'Atlantique les yeux se dessilleront, et les Américains alors, reviendront bientôt de leur erreurs, car il n'est pas possible, qu'un peuple aussi grand, aussi vital, qu'intelligent ne s'aperçoive de la fausse route où il est engagé.

« Quant à nous, continuons de lui accorder notre amitié sympathique et notre loyal concours et l'avenir assurera pour le bonheur de l'humanité entière, une incommensurable source de prospérité et de richesses à ces vastes populations, dispersées dans le monde, et unies déjà par la même langue anglaise, comme elles doivent l'être dans la liberté commerciale, pour le bien être général. »

Afin, de se rendre un peu compte du commerce de l'Angleterre, on peut jeter un coup d'œil sur le tableau suivant, qui renseigne son mouvement pour les 9 premiers mois de 1890, et établit les différences avec 1889 pour le même temps.

Le commerce extérieur de l'Angleterre pendant les neuf premiers mois de 1890.

Pour l'ensemble des neuf premiers mois de cette année, les résultats du commerce d'importation sont résumés dans le tableau suivant:

Importation.

	9 mois 1890	Différence sur 1889
Animaux vivants Liv. st. .	8.689.076	+ 1.203.391
Objets d'alimentation et boissons		
— — (*A*) exempts	100.021.708	+ 1.151.410
— — (*B*) taxés .	17.808.991	+ 35.438
Tabac.	2.795.625	— 129.794
Métaux	17.614.654	+ 1.141.225
Produits chimiques, etc. .	5.502.354	— 451.070
Huiles	5.098.707	+ 48 363
Matières premières textiles.	58.846.684	— 4.584.361
— — autres .	30.864.918	— 1.210 685
Objets fabriqués	48.243.743	— 232.951
Divers	9.784.203	— 516.425
Colis postaux	354.476	+ 68.268
Total Liv. st.	306.625.138	— 3.477.191

Dans son ensemble, l'exportation de produits anglais réalise, pour les neuf premiers mois, une plus-value de 8.1 %. Elle se décompose de la manière suivante :

Exportation.

	9 mois 1890		Différence sur 1889
Animaux vivants Liv. st. .	651.958	—	241.437
Objets d'alimentation. Boissons	8.131.136	+	781.332
Matières premières (houille) .	15.958.417	+	3.223.146
Fils et tissus	85.063.179	+	2.184.608
Ouvrages en métaux . . .	33.815.132	+	4.664.470
Machines	12.243.942	÷	1.296.305
Ustensiles, confections . .	8.532.828	+	97.409
Produits chimiques . . .	6.651.508	+	859.603
Divers	25.705.632	+	1.886.583
Colis postaux	705.855	—	81.235
Total Liv. st.	197.459.587	+	14.833.254

Métaux précieux. — L'importation de l'or s'élève à liv. st. 13.974.683; elle dépasse de liv. st 523.038 celle des neuf premiers mois de 1889. De liv. st. 9,444.352, en 1880, l'exportation de ce même métal monte à 9,868,283 en 1890; l'excédent est de liv. st. 123,931.

L'argent réalise aussi des augmentations. A l'importation, l'excédent est de liv. st. 1.572.454 pour un chiffre total de liv. st. 8.427.258 en 1890 et de liv. st. 6.854.804 en 1889. A l'exportation, l'excédent s'élève à liv. st. 1.189.293 pour un chiffre total de liv. st. 9.136.223 en 1890 et de liv. st. 7.946.930 en 1889.

CHAPITRE IV.

§ 1.

Relations commerciales de l'Allemagne avec les Etats-Unis.

L'émotion produite par les tarifs a été très vive en Allemagne et l'on se rappelle combien dans la presse, on s'efforçait par un Zollverein, de chercher à modifier l'état des choses existant, par des mesures de réciprocité. On semblait même, nourrir l'espoir d'une entente des pays européens, pour arriver à cette fin.

Il a fallu abandonner cette idée impraticable, mais en attendant que de nouveaux traites de commerce, se concluent sur d'autres bases, que celles du traité du Francfort, on peut signaler les tentatives de rapprochement entre l'Allemagne et l'Autriche, en vue de regagner un peu, ce que l'Amérique fait perdre, surtout à la première de ces puissances. A cet effet, nous mettons sous les yeux du lecteur, un résumé du commerce Allemand avec les Etats-Unis et l'on a vu par les tableaux précédents A, B, C l'importance de ces relations. On pourra juger, par les lignes ci-après, du mouvement des principales villes, et des matières qui en font l'objet habituel des transactions.

Les importations de l'Allemagne, aux Etats-Unis, ont été pour 1888-1889, comme nous l'avons vu dans un tableau précédent C, de $ 81,742,546 et d'après les statistiques du consul général américain à Francfort, rayonnant sur la partie Sud et Nord-Ouest de l'Europe, il résulte que celle-ci y entrent pour $ 37, 162, 301 et se répartissent comme suit:

Barmen . . .	5.575.146	Fer, acier, dentelles, rubans, étoffes.
Créfeld . . .	5 436.838	Toiles, gants.
Nürenberg . .	5.276.856	Verreries, houblon, jouets d'enfants, etc.
Francfort . .	3.351.425	Couleurs, drogueries, cuirs peaux.
Sonneberg . .	2.962.927	Modes et jouets.
Manheim. . .	2.467.338	Comme Francfort.
Cologne . . .	2.358.094	Fers, aciers, couleurs, quincailleries.
Kehl	1.986.159	Etoffes laine, toiles et soieries.
Aix-la-Chapelle.	1.884.572	Comme Cologne.
Mayence. . .	1.848.641	Vins, liqueurs, bière, etc.
Dusseldorf . .	1.613.377	Produits divers.
Stuttgart. . .	1.373.412	Couleurs. vernis, produits chimiques, corsets.
Munich . . .	1.027.606	Bière, cuirs, étoffes, etc.
	$ 37.162 391	

De même le consulat général de Berlin renseigne pour les districts consulaires d'Annaberg, Brême, Breslau, Brunswick, Chemnitz, Dresde, Hambourg, Leipzig, Plauen et Stettin des importations aux Etats-Unis qui s'élèvent successivement en

1886/87 à 42,249,000 $
1887/88 » 41,732,000 »
1888/89 » 44,580,000 » pour atteindre un chiffre beau-

coup plus élevé en 90, par suite des prévisions de l'adoption du Biil Mac-Kinley. Celui-ci n'en frappe pas moins le commerce allemand dans une grande partie de l'empire, surtout dans les centres industriels de Berlin, Chemnitz, Leipzig, Plauen, Barmen, Crefeld, etc. etc., puis le port principal d'exportation Hambourg. Voici encore quelques chiffres pour les exportations évaluées en 1000 $:

	Berlin	Chemnitz	Leipzig	Plauen	Hambourg
1889/90.	5654	11396	4962	4214	8464
1888/89.	5881	8849	4481	2993	5956
1887/88.	6204	9217	4184	2534	5936.

Quant aux principales matières exportées elles comprennent:

Les sucres pour 15,2 millions de doll.

Habits confectionnés et étoffes	6,400,000
Gants et mégisseries	3,400,000
Bas et bonneteries	7,600,000
Soieries	2,100,000
Confections pour dames	1,100,000
Fils	0,600,000
Papiers etc. etc.	0,900,000

Dans le but de s'affranchir des énormes droits qui frappent aujourd'hui les objets fabriqués, et confectionnés, un syndicat allemand avait envoyé à New-York, des délégués dans l'intention de créer sur les lieux des établissements pouvant livrer comme précédemment. Il paraît, vu l'augmentation de 105 °/o des fils, chanvre etc. etc., qu'il y a lieu abandonner cette idée, mais l'augmentation de toutes choses et notamment de la main d'œuvre, résultant de l'applicaiion du bill pourrait bien amener une réaction en faveur du commerce européen.

§ 2.

Relations commerciales de la France avec les États-Unis.

Le chiffre de 9.34 °/₀ que nous avons vu précédemment au tableau C, exprime l'importance des relations commerciales de la France avec l'Union. On sait aussi que les principales matières exportées de France, sont des articles de luxe, tels que vins, soieries, textiles, etc., ou des objets de fabrication achevée et recherchée.

Il en résulte, que les tarifs Mac-Kinley n'auront qu'une importance relative sur son commerce en général. et l'on peut même dire, que la parfaite entente des deux Républiques a du contribuer sous certains rapports à une modération de droits que l'on n'a pas lieu de remarquer ailleurs. Il y a même à supposer que le décret du 18 Février 1881, qui interdit sur tout le territoire de la République française l'introduction des viandes de porc, salées, soit bientôt abrogé définitivement. On sait que celui du 27 Novembre 1883 le rapportait, mais à la suite de réclamations des protectionnistes français, un 3me décret du 28 Décembre 1883 suspendit l'exécution de celui du 27 Novembre, même année. Si les éleveurs français ont joui de leur triomphe en paix, ils pourraient cependant s'attendre à des mesures sévères, de la part des Américains, qui ont bonne mémoire, s'il ne se produisait pas une modification prochainement.

On pourra par les renseignements ci-après juger de l'importance du commerce général de la France, établi pour les 9 premiers mois de l'année et établir la valeur relative de celui avec les États-Unis par les tableaux A, B, C.

Le commerce extérieur de la France.

Pour l'ensemble des neuf premiers mois des années 1890 et 1889, les résultats du commerce extérieur se répartissent de la manière suivante :

Importations en francs.

		1890	1889
Objets d'alimentation.	fr.	1,078,948,000	1,050,421,000
Matières nécessaires à l'industrie. . . .	»	1,687,125,000	1,613,841,000
Objets fabriqués . .	»	458,173,000	436,124,000
Autres marchandises (2)	»	92,972,000	94.578,000
Totaux. . .	fr.	3,317,218,000	3,194,964,000
		(1) Différence	122,254,000
Or, argent, billon .	fr.	198,534,000	395,756,000

Exportations en francs.

		1890	1889
Objets d'alimentation.	fr.	585,583,000	554,135,000
Matières nécessaires à l'industrie . . .	»	557.973,000	589,931,000
Objets fabriqués . .	»	1,419,008,000	1,357,068,000
Autres marchandises.	»	157,585,000	154,354,000
Totaux. . .	fr.	2,720,149,000	2,655,488,000
		(3) Différence	64,661,000
Or, argent, billon .	fr.	190,145,000	136,259,000

Importation. — Ainsi que l'indiquent les chiffres ci-dessus, les importations de l'étranger en France n'ont pas cessé d'augmenter, depuis le commencement de l'année. Actuellement l'excédent total atteint la somme de 122,254,000 fr. ([1]), dans laquelle la catégorie des objets d'alimentation entre pour 28,527,000 fr., celle des matières premières pour 73.284,000 fr., celle des objets fabriqués pour 22,049,000 fr. La catégorie, très peu nombreuses d'ailleurs, des autres marchandises, subit seule un léger déficit de 1 1/2 million environ ([2]). Le commerce d'importation paraît donc traverser une période prospère.

Pour la plupart des objets d'alimentation, le mouvement détaillé de l'importation n'accuse aucun changement appréciable depuis le mois dernier. Nous aurions à enregistrer, à peu de chose près, les mêmes augmentations sur le riz, les farineux alimentaires autres que les céréales, les fruits de table, le cacao, le café, les viandes et les graisses, et, d'autre part, les mêmes diminutions sur les sucres, les mélasses, la bière et les vins. Deux faits seulement paraissent dignes d'attirer plus particulièrement notre attention : l'un concerne les bestiaux, l'autre les céréales. L'importation des bestiaux, qui, à la fin du mois dernier, était en excédent de 2,440,000 fr., se trouve, après le neuvième mois, en déficit de 2,559,000 fr. C'est, pour le mois de septembre, une diminution de 5 millions environ. En ce qui concerne les céréales, le mouvement de reprise, signalé à l'importation, dès le mois de juillet poursuit son cours. Le déficit sur cette denrée qui, à la fin de juin, était de plus de 27 millions, s'est réduit graduellement et ne se chiffre plus que par 1,155,000 frs.

Dans la catégorie des matières premières, les principales augmentations ou diminutions réalisées sont indiquées dans le tableau suivant :

Importations en francs.

Augmentation.	Neuf mois 1890.	Différence sur 1889.
Houille	175.931.000	+ 29.366.000
Coton.	165.774.000	+ 23.331.000
Graines et fruits oléagineux .	141.851.000	+ 21.055.000
Peaux et pelleteries brutes. .	134.970.000	+ 20.778.000
Cuivre	25.387.000	+ 10.423 000
Lin	53.038.000	+ 7.383.000
Bois de teinture	18.009.000	+ 4.958.000
Huiles végétales	19.837.000	+ 4.286.000
Diminution.		
Laines	291.416.000	— 32.327.000
Soies et bourre de soie . . .	173.205.000	— 28.101.000
Merrains.	39.503.000	— 16.368.000
Bois de constructions . . .	63.797.000	— 3.619.000

Parmi les objets fabriqués, les plus-values à noter portent sur les produits chimiques et surtout sur les nitrates de potasse et de soude (46,858,000 fr. en 1890 et 37 millions 616,000 francs en 1889), les tissus de jute (3,425,000 fr. en 1890 et 1,323,000 fr. en 1889), les tissus de laine (53,264,000 fr. en 1890 et 51,871,000 francs en 1889), les machines et mécaniques (36,136,000 fr. en 1890 et 30 millions 617,000 francs en 1889), les bâtiments de mer en fer (20 millions 230,000 fr. en 1890 et 8,4[illegible]9,000 francs en 1889). Par contre, des diminutions diverses pèsent sur les fils de laine (7,271,000 francs en 1890 et 9,631,000 en 1889), les tissus de soie et de bourre de soie (46,458,000 fr. en 1890 et 49,871,000 fr. en 1889), les papiers, cartons, livres et gravures (23,724,000 fr. en 1890 et 26,737,000 fr. en 1889), l'orfèvrerie, bijouterie et plaqués (5,597,000 fr. en 1890 et 11,858,000 fr. en 1889).

Exportation. — Pour l'ensemble des neuf premiers mois, l'exportation marque une augmentation de 64,661,000 fr. ([3]), à laquelle les objets d'alimentation participent pour 31 millions 448.000 fr. et les objets fabriqués pour 61,940,000 fr., tandis que la catégorie des matières premières est frappée d'une diminution de 31,958,000 fr.

La situation de l'industrie française paraît s'être améliorée, si l'on en juge par le tableau de l'exportation des produits fabriqués.

Exportations en francs.

Augmentation.	Neuf mois 1890.		Différence sur 1889.
Confections pour femmes . .	35.821.000	+	14.224.000
Tissus de laine	285.516.000	+	11.290.000
Modes et fleurs artificielles. .	37.424.000	+	10.370 000
Machines et mécaniques . .	37.016.000	+	7.017.000
Ouvrages en peau et en cuir .	106.768.000	+	5.469.000
Livres, gravures et lithographies	23.965.000	+	5.144.000
Tissus de soie.	207.489.000	+	([5])4.829.000
Verres et verreries	24.436.000	+	4.823.000
Armes	5.907.000	+	4.290.000
Meubles et ouvrages en bois .	28 235.000	+	3.711.000
Articles de Paris	77.822.000	+	3.519.000
Outils et ouvrages en métaux .	60.415.000	+	2.160.000
Lingerie cousue	44.846.000	+	1.827.000
Diminution.			
Fils de laine	29.122.000	—	13.406.000
Orfèvrerie, bijouterie, plaqués.	29.397.000	—	9.774.000
Tissus de coton	78.942.000	—	4.324.000
Horlogerie	13.559.000	—	1.856.000
Peaux préparées	76.568.000	—	([4])1.840.000

On remarquera que le déficit sur les peaux préparées, qui dépassait 4 millions, après le huitième mois, s'est réduit de plus de moitié. [4] De plus, [5] les tissus de soie, qui marquaient une diminution, se sont relevés et présentent un excédent de près de 5 millions de francs; mais il ne faut pas perdre de vue que les expéditions à destination des Etats-Unis ont été activées, pendant le dernier mois, en vue de bénéficier des conditions de l'ancien tarif des douanes, moins onéreux que le nouveau tarif mis en vigueur le 6 Octobre. Quant aux autres articles, ils ne subissent pas de variations sensibles.

§ 3.

Relations commerciales entre les États-Unis et la Belgique.

Elles s'élèvent à 1.32 °/₀ du mouvement général de l'importation des États-Unis et se chiffrent par 9.816 435 dollars pour l'année 1888-1889, comme on l'a vu au tableau C.

A titre de renseignements utiles par suite du nouveau bill Mac-Kinley, voici, d'après le tableau officiel, publié par notre département des finances, l'exposé de la situation commerciale avec les États-Unis, pendant les neuf premiers mois de l'année, comparé à la même période de l'année dernière.

États-Unis et Belgique.

Importations.

		1890	1889
Amidon.	K.	206,288	267,942
Armes	Fr.	129,355	70,216
Bois de chêne et noyer	M. C.	922	406
Autres non sciés . . .	M. C.	1,451	1,985
» sciés . . .	»	15,855	12,190
Café.	K.	298,308	1,309,061
Viandes et volailles . .	»	16,872,922	7,265,577
Froment, épeautre . .	»	114,536,275	66,663,962
Seigle	»	34,895,109	3,956,779
Orge, escourgeon. . .	»	2,662,905	600
Pois, lentilles, etc. . .	»	600,535	785,675
Avoine, maïs, etc. . .	»	140,568,443	92,912,797
Gruau, orge perlé. . .	»	1,504,316	»
Farines, son, fécules. .	»	21,242,530	22,894,502
Riz	»	290	6,464
Fruits secs.	Fr.	236,821	215,792
Huile de palme . . .	K.	570,350	»
Huiles végétales autres .	»	2,346,540	1,367,545
Graisses	»	20,314,292	12,906,403
Cuivre et nickel bruts .	»	291,900	530,346
Peaux brutes.	»	517,971	55,843
Pierres taillées . . .	»	32,035	17,371
Pétrole.	»	77,596,848	88,261,214
Résines et bitumes . .	»	16,460,325	12,813,652
Sirop et mélasses. . .	»	3,386,186	5,560,815
Tabacs non fabriqués .	»	3,920,760	3,782.288
Cigares.	»	5,788	9,298
Tabacs fabriqués . . .	»	55,913	46,390
Graines oléagineuses. .	»	3,728,545	5.830,322

Exportations.

Amidon	K.	10,625	4,046
Armes	Fr.	1,155,151	954,335
Briquettes de houille. . .	Ton.	18,000	28,200
Pois, lentilles, fèves, etc. .	K.	820,717	780,365
Pommes de terre. . . .	»	30,600	34,432
Drilles et chiffons. . . .	»	2,052,584	2,870,256
Habillements	Fr.	1,658,155	1,655,638
Eaux de vie (hect. à 50°) .	»	370	226
Machines et ménagères . .	K.	147,474	6,066,229
Graisses.	»	1,164,185	2,050,140
Laines	»	383,967	570,275
Acier fondu brut	»	2,315	1,542,577
» en barres	»	856,283	2,434,046
» non dénommé . . .	»	2,783,427	3,103,657
» ouvré.	»	168,692	262,135
Cuivre et nickel brut. . .	»	442,868	»
Fonte brute.	»	495,000	180,000
Vieux fers	»	1,700,000	25,000
Fer battu	»	»	382,790
» non dénommé	»	663,645	3,191,275
» ouvré	»	332,620	236,802
Zinc non ouvré	»	352,296	268,845
Carton	»	31,760	»
Papiers non dénommés . .	»	182,784	129,555
Peaux brutes	»	1,529,725	636,931
» préparées	»	19,540	26,226
Sel de soude	»	40,055	28,142
Produits chimiques	Fr.	1,028,735	781,260
Résines et bitumes. . . .	K.	1,669,046	1,592,422
Sucres bruts	»	339,085	»
» raffinés	»	200	125,763

Tissus de coton	K.	64,510	52,024
Draps, casimirs	»	132,215	87,745
Tissus lourds	»	13,192	16,157
Toiles unies et croisées . .	»	76,969	113,568
Tissus de soie	»	2,029	2,112
Houblon.	»	10,880	11,210
Bouteilles, etc.	»	153,291	58,670
Glaces	Fr.	1,628,770	1,209,980
Verres à vitres	K.	28,134,778	24,032,780
Verrerie coulée	»	462,890	146,000

On voit par ce tableau que nous recevons surtout des États-Unis des denrées alimentaires et des produits naturels, tandis que nous lui renvoyons des produits de notre industrie. — Il est impossible de prévoir les effets du bill Mac-Kinley, sur nos rapports avec les États-Unis, mais nous estimons que la Belgique sera un des pays, les moins éprouvés de l'Europe par les nouveaux tarifs américains.

§ 4.

Relations commerciales des Etats-Unis avec le Canada.

Le Canada est certainement le pays le plus éprouvé par les nouveaux tarifs douaniers. L'espoir de voir admettre par les Etats-Unis, certaines faveurs, ensuite des nombreuses démarches faites par quelques Canadiens millionnaires habitant New-York, secondés et appuyés par le Sénateur Sherman, a été complètement deçu et le congrès a écarté toute concession.

Aussi dans les derniers jours, avant le décret du bill

4

Mac-Kinley, y avait-il un mouvement extraordinaire dans les transports par terre, et par eau, surtout, des grands lacs vers l'Union, dans le but de profiter des derniers moments de répit. Le Canada profondément atteint est forcé de rechercher d'autres débouchés et les principaux organes de la presse ne s'en cachent nullement : Voici comment s'expriment quelques uns d'eux :

« *The Empire* » (organe gouvernemental) écrit : il n'y a pas lieu de s'alarmer outre mesure de ce que certains droits frappent nos importations aux États-Unis. Le pays ne succombera pas, sous ce coup, qui lui est porté par nos voisins, dont il est d'ailleurs indépendant. Si nous sommes chassés de leurs marchés, il en est d'autres qui nous sont ouverts. L'attitude peu amicale, prise par les Etats-Unis relativement à nos relations commerciales, fera comprendre au Canada, l'opportunité de rechercher de nouveaux débouchés, qui combleront les vides créés par son hostilité systématique. »

Le *Globe* (libéral) dit : « Il doit être clair pour l'admirateur le plus aveugle de la politique nationale que nous aurons fort à faire, si la politique commerciale des Etats-Unis y produit une diminution sensible dans la production et la consommation.

On comprendrait la manière d'agir de nos voisins, s'ils habitaient seuls notre planète, où s'ils formaient sur terre, un ensemble isolé comme l'Australie. Mais attachés, comme nous le sommes, au sol américain, il nous sera difficile de concourir avec nos voisins, comme il en est de la nouvelle Ecosse ou du nonveau Brunswick avec l'Angleterre. Au début la fraude sera à craindre, mais avec le temps, il est certain que les capitaux changeront de direction et de destination et que dans l'avenir la diminution de la valeur de nos produits du sol ne sera que le résultat de l'appication du bill Kiniey, dirigé contre nos exportations de céréales.

Le *Mail* (Indép.) dit: « Pour le moment, nous ne pouvons songer à des mesures de représailles, mais on peut espérer dans l'avenir, que l'opinion américaine, revendiquera de plus grandes facilités pour les relations commerciales.

Aux États-Unis, comme chez nous, il y a des aspirations et des forces, pour une politique plus amicale. Nous l'avons prouvé dans les négociations des lignes Sherman et nous croyons, que la lumière jaillira bientôt aux Etats-Unis. »

Quant au gouvernement, il est tout aussi catégorique.

Dans un discours prononcé dernièrement à Halifax par sir John Mac Donald, premier ministre du *Dominion*, il déclare que la confédération Canadienne a développé les ressources du pays de manière à exciter les convoitises des Américains. Ceux-ci voient grandir une nouvelle puissance et voudraient l'entrainer dans l'orbite de la République. C'est pourquoi, ils la menacent d'une catastrophe économique, si le Canada demeure fidèle à son drapeau et à son souverain. — Pour obtenir des faveurs ou la « réciprocité » il faudrait se séparer de la Grande Bretagne et se constituer en République indépendante, en attendant une absorption que les Américains s'efforcent de hâter.

Le ministre de la justice, sir James Thompson s'est exprimé dans le même sens et ces deux hommes d'Etat, du

Canada, sont d'accord pour déclarer que l'avenir commercial du pays ne dépend nullement du bon vouloir des Etats-Unis mais de l'énergie, de la volonté et de la nécessité de rechercher et de trouver d'autres débouchés, en Angleterre, en Australie, en Chine, au Japon, aux Indes occidentales, etc. etc.

Le voile de la diplomatie des économistes des Etats-Unis est ainsi déchiré par les ministre du Dominion et l'on comprend avec quel ardeur les Canadiens travailleront, à atténuer les rigueurs du bill Mac Kinley.

Les produits de l'agriculture sont presque tous frappés. Les chevaux, les bestiaux en général, les viandes abattues, le beurre, les fromages, le lait, les grains, l'orge, les pois, fèves, le lin, le chanvre, la laine, le tabac, les foins, etc. etc., paieront des droits et il en est d'exorbitants. Les chevaux seront sujets à 30 °/ au lieu de 20 actuellement ; toute tête de bétail de la race ovine, à 10 dollars, ce qui est, en ayant égard au droit actuel 20 °/₀, une majoration de 50 à 100 °/₀ !

Le beurre paiera 6 *cents* à la livre, quoique les 4 *cents* actuels soient suffisants déjà, pour en maintenir la proscription en faveur des beurres artificiels fabriquer à Chicago sur une vaste échelle. Les œufs, exempts aujourd'hui, seront soumis à 5 *cents* par douzaine et le commerce de ce seul article, qui se chiffrait par deux millions de dollars est anéanti du coup. Mais ce qui causera une énorme perte, c'est l'impôt sur l'orge, dont les affaires atteignaient 6 $^1/_2$ millions de dollars et qui est frappé de 30 *cents* par bushel au lieu de 10. Alors que sans contesté, il est reconnu que l'orge du Canada, est d'une qualité tout à fait supérieure et avidement recherchée par les brasseurs de l'Union.

Le commerce avec les Etats-Unis perdra des millions, c'est indubitable. L'agriculture éprouvera pour elle seule une moins value de 15 à 20 % sur un total de 100 millions, chiffre auquel se montent les transactions actuellement, qui n'étaient il y a 15 ans que de 8 millions de dollars.

Il est à désirer que le marché anglais s'ouvre largement aux produits du Canada et il est probable qu'il en sera ainsi. L'Angleterre a importé de l'étranger, l'an dernier, pour une valeur de 280 millions de dollars. Pourquoi dans l'avenir le Canada ne contribuerait-il pas, en grande partie dans ces transactions ? Des 17,415,413 quintaux d'orge importée, il n'y en avait pas venant du Dominion, qui pourrait facilement aussi, concourir à l'importation des œufs que la Grande Bretagne achète pour 15 millions à l'étranger, annuellement.

Les acquisitions de chevaux se sont élevées au chiffre de 13,859 et le Canada n'en a fourni que 315 ! Le blé du Canada n'est entré que par 2 % dans les approvisionnements nécessaires à l'Angleterre, tandis que les fèves, pois et fromages entrent pour 30 à 35 %. Il y a de la marge, et l'on peut prévoir une grande modification future à l'avantage du Canada. — On espère que l'orge surtout y arrivera en énormes quantités.

Voici pour l'année 1889-1890 finissant le 1r juillet dernier, quelques détails sur les relations commerciales du Canada avec les Etats-Unis.

Importations des Etats-Unis.

Marchandises sujettes aux droits. . .	£	5.796.000
» exempts »	»	4.311.000
	£	10.107.000
Importations avec tous pays	£	23.045 000
Les exportations avec Etats-Unis. . .	»	7.289.000 [1]
Idem avec tous pays	»	16.638.000

[1] Ces chiffres se décomposent comme suit:

Objets minéraux	£	750.000
Pêcheries etc.	»	568.000
Bois	»	2.208.000
Animaux	»	1.427.000
Céréales	»	1.825.000
Manufacture	»	365.900
Divers	»	146.000
	£	7.289.000

Parmi les céréales valant 1,825,000 liv. st., l'orge entre pour liv. 1,290,000

Le bétail, les produits de la ferme, l'orge etc., représentent ensemble 8 1/4 millions de liv. st., dont les droits anciens s'élevaient a £ 400,000 ou en moyenne à 14 %, tandis qu'aujourd'hui ils atteignent £ 1,250,000 ou 40 % ce qui est énorme, comparativement.

On met à l'étude la construction de vaisseaux filant 18 nœuds. Le gouvernement subsidierait une société par 500,000 dollars annuellement. Elle établirait un service direct de Van Couver vers la Chine, le Japon et l'Australie, et du Canada en Angleterre De plus il y aurait moyen par un service de railway et de bateaux à vapeur, combiné de franchir plus rapidement le Canada, de Montréal à Van Couver que les Etats-Unis, de New-York à San Francisco.

Il résulte de ce qui précède, que les Etats-Unis ne semblent pas être des plus agréables dans leurs relations de commerce ou de voisinage avec le Canada, et peut être la question politique n'y est-elle pas étrangère. Ainsi, on assure, que les négociations en vue d'un arrangement entre Etats-Unis et le Canada. au sujet de la mer de Behring ne tarderont pas à être reprises. M. Blaine, ministre de la grande République est prêt à s'entendre avec Sir Julian Pauncefote ministre d'Angleterre, au sujet de l'arbitrage pour lequel Lord Salisbury a offert ses bons offices, mais il veut, que les droits que possédait la Russie sur la mer de Behring et les pêcheries, il y a un siècle, et que cette puissance a transmis en 1867 aux Etats-Unis, soient pleinement confirmés et maintenus. Moyennant ceci, il est tout disposé à reconnaître la situation de la mer de Behring, comme *Mare clausum*, mais sans abandonner les droits des Etats-Unis. Ceux-ci, d'autre part, afin de hâter la solution de la question apparemment, viennent d'informer le Canada, qu'ils dénoncent les tarifs de transports réduits par chemin de fer entre les deux pays et abolissent les prix de faveur qu'ils accordaient au Canada. Il paraît aussi que la concurrence de Van Couver pour les marchandises destinées aux Etats-Unis n'est pas étrangère à cette nouvelle tracasserie qui vient s'ajouter aux difficultés que le Bill Mac-Kinley crée au Canada.

Celui-ci, ne s'en alarme pas trop cependant, et il résulte des explications que vient de donner Sir Henry W. Tyler, président du Conseil d'Administration du chemin de fer du

Grand Trunck (traversant tout le Canada) aux actionnaires réunis le 30 octobre à Londres, que le Bill MacKinley quoiqu'entravant le commerce des céréales, orge, foin, œufs, a plutôt été favorable au mouvement commercial; — qui n'a fait que changer de direction. Les comparaisons de 1890 à 1889 sont à l'avantage de cette dernière année pour une différence très notable de milliers de livres sterling.

Quant à dénoncer les tarifs de faveur, actuels, Sir H. Tyler croit, que le cabinet de Washington, cherche à influencer l'opinion publique, sur la question politique des pêcheries, et fait remarquer que ce n'est pas la première fois qu'il a fait la menace de rompre des contrats librement agréés.

On le voit clairement, le Canada ne s'emballe pas, il ne perd nullement la carte et s'efforce au contraire de surmonter crânement les difficultés présentes.

CHAPITRE V.

Les élections. — Leurs résultats et leurs conséquences.

La journée du 4 Novembre marquera dans l'histoire des États-Unis. Elle rappellera aux gouvernants quels qu'ils soient, leur impuissance de faire admettre l'injustice ou l'arbitraire et leur prouvera, qu'ils doivent compter avec la volonté populaire, et s'incliner, devant les décisions souveraines de l'opinion publique. Il est incontestable, que la nation, consultée sur la politique gouvernementale et sur ces fameux tarifs douaniers, a fièrement répondu au défi qui lui était adressé.

Elle renverse la majorité, étend sur le carreau, l'auteur même, de la loi à laquelle, il attachait son nom avec une soudaine et retentissante célébrité, mais hélas d'une ephémère durée, car les bills Mac-Kinley sont fatalement condamnés et leurs jours sont comptés.

Les élections qui viennent d'avoir lieu avaient pour but: a) de renouveler dans son entier la Chambre des Députés, b) de pourvoir au remplacement du tiers des sénateurs, c) de faire choix des gouverneurs dans les Etats et d) de nommer les maires et conseillers municipaux, les juges et conseillers scolaires, de chaque localité, et tout cela le même jour et sur un même bulletin de vote.

L'élection se fait dans chaque Etat selon les lois électorales de cet état.

Le nombre des représentants est reparti entre les Etats au prorata de leur population calculée d'après le chiffre réel de ses habitants, à l'exception seulement, de la race indienne et de la race jaune.

Chaque Etat doit avoir au moins un représentant, mais il ne peut y avoir, plus d'un député par 30,000 âmes. Il faut, pour être membre de la Chambre de Washington, avoir 25 ans révolus, être citoyen de l'Union, ou naturalisé depuis 7 ans. L'indemnité parlementaire, pour les membres de la Chambre comme pour ceux du Sénat, est de 5000 dollars annuellement, non compris des indemnités pour frais de voyage, fournitures de bureau, etc., et la franchise postale.

L'élection est faite pour deux ans. La Chambre sortante avait été élue en 1889, elle comprenait 325 membres pour les trente-huit États. Depuis lors quatre territoires ayant été admis au rang d'état, (Maine, Vermont, Idaho, Wyoming), le nombre des représentants s'est élevé à 335 et la Chambre de 1889 comptait 169 républicains et 161 démocrates, quelques élus de ces derniers, dans les États du Sud, ayant été invalidés par la majorité.

L'état de New-York avait à nommer 24 députés, la Pennsylvanie 28, l'Ohio 21, l'Illinois 20, etc. tandis que dans certains états de l'Ouest, plusieurs n'en avaient qu'un à élire. Les élections pour le Sénat comprenaient le tiers des Sénateurs, qui terminent leur mandat en Mars 1891. Dans 19 états, il y avait à élire les gouverneurs et c'est dans la Pennsylvanie que la lutte était la plus vive. Le sénateur républicain Delamater et le démocrate Pattison étaient en présence. — Dans la Caroline du Sud, le candidat des « Farmers », M. Tilman, étaient fortement soutenu. A New-York le major Grant avait su obtenir l'appui des partisans de l'Irlande, en se mettant à la tête du comité, pour la réception de MM. Dillon et O'Brien, que l'on voulait fêter et acclamer à leur débarquement.

Mais l'intérêt principal se concentrait sur les élections des Représentants et chacun en comprenait l'importance. Aussi les résultats sont ils décisifs et constituent ils, pour les démocrates un triomphe éclatant.

Dans l'Ohio, Mac-Kinley et son collègue John Warwick sont culbutés, malgré l'intervention du Speaker Reed et du Ministre Blaine, qui se sont mêlés de la lutte sur les vives instances du président Harrison, qui attachait une importance capitale, à la réélection du major Mac-Kinley.

Les citadelles du républicanisme ont ouvert leurs portes à l'ennemi : Le Massachussets donne 15000 voix de majorité au candidat démocrate, quand il accordait en 1888, 32,000 voix de majorité à Harrison! Les chiffres pour la Pennsylvanie sont, dans le même sens, 80,000 et 10,000! Le Nebraska accuse plusieurs millions de voix démocrates en majorité, alors qu'en 1888 le parti republicain avait 27,000 voix de majorité; aussi les résultats qu'on a maintenant des élections, sont ils assez complets pour qu'on puisse constater le nombre de sièges gagnés par les démocrates à la Chambre de Washington.

Ils gagnent un siège dans l'Alabama, 2 dans l'Arkansas, 2 dans le Connecticut, 1 dans la Floride, 6 dans l'Illinois, 5 dans l'Yowa, 5 dans le Kansas, 1 dans la Louisiane, 5 dans le Maryland, 5 dans le Massachussets, 3 dans le Michigan, 2 dans le Minnesota, 1 dans le Michigan, 4 dans le Missouri, 1 dans le Montana, 2 dans le Nabraska, 2 dans le New-Hampshire, 8 dans l'Etat de New-York,

2 dans la Caroline du Nord, 8 dans l'Ohio, 7 dans la Pennsylvanie, 1 dans le Rhode Island, 1 dans le Tennessée, 4 dans la Virginie et 5 dans le Wisconsin, etc. etc...

En résumé les démocrates arrivent avec une majorité de 70 à 8C voix ou plus, à la Chambre et les républicains seront les moins nombreux que l'histoire parlementaire renseigne dans ses annales et non seulement Mac-Kinley est éliminé, mais presque tous les membres associés à sa néfaste politique. (1)

Au Sénat, les républicains perdent deux sièges dans l'Etat de New-York. M. Maxwell est renversé et les démocrates ont gagné les sièges de gouverneurs, dans le Wisconsin, la Pennsylvanie, le Michigan, le Nébraska, le Minnesota etc. tandis que les républicains maintiennent celui de Californie, le vice gouverneur de Pennsylvanie et les sénateurs des Caroline et du Teunesee...! Une ombre est seulement faite au succès, par la réélectiou de Grant et des disciples du Tammany-Hall à New-York.

Mais on peut dire que les élections du 4 novembre ont fait justice du Bill Mac-Kinley, de la politique inaugurée par le président Harrison, et des exploiteurs qui ont inspiré ces fameux bill.

Au point de vue moral la leçon est donc complète. Il serait téméraire cependant, de croire qu'au point de vue politique, il en soit de même, en effet, le congrès qui vient d'être élu n'entre en fonctions que le 4 mars 1891, et le Président Harrison ne doit même le convoquer que le 4 décembre 1891. Mais il y a plus. Le Sénat est républicain et la majorité restera jusqne 1895 ou 1986 à ce parti,

---

(1) Voir note complémentaire.

par suite de la création das nouveanx Etats qui l'ont renforcée encore par de nouvelles voix républicaines, qu'on lui savait aquises, à priori.

Enfin, le Président reste en fonction jusqu'au 4 mars 1893. Il en résulte naturellement, que les trois pouvoirs intimement liés entr'eux et suivant une même politique, contrarieront autant qu'ils le pourront les désirs des démocrates et s'il est dès à présent certain, que l'avenir assure le retrait des bills et l'abandon du protectionisme, actuellement, et pendant un temps de quelques années encore, ceux-ci feront bien de suivre d'un œil attentif leurs adversaires qui s'opposeront tant qu'ils le pourront au flot montant qui doit les emporter.

Le Président a le droit du veto, et s'il voulait jouir de cette prérogative, il faudrait, d'après la Constitution Américaine, pour pouvoir passer outre, que la majorité des membres des deux Chambres réunies, décidât par un vote d'au moins des 2/3 des voix, de la volonté formelle du pays : or cette situation n'existe pas actuellement, et il est difficile, de la prévoir avec quelque certitude, dans un temps déterminé.

Voici d'ailleurs à ce sujet, ce que disait *l'Indépendance* dernièrement :

« Le succès des démocrates aux Etats-Unis n'empêchera donc pas les conséquences du bill malencontreux, de peser pendant plusieurs années sur les relations commerciales de l'Europe avec la grande République. Mais, quoiqu'il en soit, on pourra s'en consoler en partie, si les effets qui vont seprodruire dans une mesure plus ou moins forte achèvent de désiller les yeux de ceux qu'aveuglent des intérêts de classes mal interprêtés.

Ce qui sera plus difficile d'effacer, ce sont les effets profondément démoralisants qu'entrainera l'application temporaire de cette loi. Et peut-on croire, par exemple, que les agents américains, à qui certains articles de la loi confèrent des pouvoirs d'une élasticité dangereuse, et ouvrent en plein la porte à l'arbitraire, seront plus désintéressés dans leurs décisions, que tant d'autres de leurs concitoyens, dont les hauts faits ne sont pas connus seulement à Albany, à New-York, Washington, etc. Dans ce pays étrange, l'omnipotant dollar est plus puissant qu'un roi constitutionnel : non seulement il règne, mais encore il gouverne. »

« L'Europe suivra, dit le *Journal des Débats*, avec un intérêt bien naturel, tous les développements de cette grande bataille qui s'engage en Amérique entre les partisans et les ennemis de la protection à outrance et dont le premier épisode vient de tourner à l'avantage des seconds; et tous ceux qui aiment sincèrement la démocratie et qui croient en elle, se féliciteront de cette victoire du bon sens ; aux politiciens qui lui soufflaient cette doctrine bassement envieuse. « Tout ce qui nait à l'Europe profite aux Etats-Unis » le peuple américain a répondu comme il convenait. »

Et qui sait ce que l'avenir réserve peut-être au vieux continent ? M. Blaine n'est pas un partisan bien convaincu du bill Mac-Kinley, et en présence de l'opinion publique consultée, ne cherchera-t-il pas tout le premier, à modifier la loi, sinon dans son ensemble, au moins dans ses parties reconnues les plus préjudiciables au commerce étranger et aux Etats-Unis. On peut le penser, peut-être même l'espérer et dans tous les cas, on doit le désirer.

NOTE COMPLÉMENTAIRE.

Population. — Finances. — Élections et derniers renseignements.

Le chiffre officiel de la population totale des Etats-Unis, d'après le receusement du 1er juin 1890 est de 62,480.540.

Durant les dix dernières années l'accroissement a été de 24,57 % soit de 12,324.757 personnes. Dans ce chiffre les émigrants comptent pour 5,246,613.

L'accroissement naturel, ou l'excédent des naissances sur les décès a été de 14 %.

Tous les Etats, sauf le Vermont et le Nevada sont en progrès. Les Etats lès plus peuplés sont : celui de New-York avec 5,981,934 habitants, celui de Pennsylvanie avec 5,248,594.

L'augmentation la plus considérable est constatée dans le Nébraska qui possède une population de 1,050,793 alors qu'elle n'était que de 452.402 en 1880.

D'après M Porter, inspecteur du recensement, il y aurait une énorme tendance chez l'Américain à rechercher les villes comme séjour, ce qui résulte des chiffres ci-après recueillis depuis 1850.

Date	Population des Etats-Unis.	Population des villes.	0/0 de la population urbaine.
1850	23,191,876	2,897,586	12,5
1860	31,443,321	5,072,256	16,1
1870	38,558,371	8,071,875	20,9
1880	50,155,783	11,318,547	22,5
1890	62,480.540	18,119,357	29,0

Et, si l'on se reporte en arrière, on constate qu'en 1790, il y avait $^1/_{30}$ de la population habitant les villes de plus de 8000 habitants. En 1800, un vingt-cinquième de 1810 à 1820, un vingtième; en 1830, un seizième; en 1840, un douzième; en 1850, un huitième; en 1860, un sixième; en 1870, plus d'un cinquième; en 1880, entre un quart et un cinquième et en 1890 près des $^3/_{10}$. — Pendant cette dernière décade l'accroissement a été particulièrement grand et la population semble vouloir profiter des ressources de tout genre qu'offrent les grands centres. Il ressort aussi des statistiques. que la migration de la population rurale vers la ville, diminue le nombre de naissances, ce qui, compenserait peut-être aujourd'hui, les pertes qu'anciennement les guerres, entrainaient forcément avec elles.

Situation financière.

Il résulte du rapport du ministre des finances des Etats-Unis que la dette nationale s'élève à 867,302,120 $ au 1er novembre 1890, ce qui accuse une différence en moins de £ 3,668,013 avec la dette, au 1er octobre 1890.

L'ensemble des sommes dues se monte à $ 1,548,621,601 comprenant celles pour lesquelles il y a intérêts à payer, celles dont les intérêts a percevoir ont cessé, et toutes les valeurs déposées à la banque contre certificats.

D'autre part il y a à l'avoir, dans les caisses du Trésor des valeurs pour un total de 681,613,481 ce qui donne pour différence le chiffre énoncé ci-dessus de 867,302,120 $.

*
* *

On s'est étonné que M. Harrison, dans son Message d'ouverture à la 2e session du Congrès le 4 Décembre, n'a pas jugé utile de parler de la situation financière du pays.

M. Harrison avait de très bonnes raisons pour ne pas chanter cet air là, car le budget américain de 1890-1891 présente *un déficit de* 55 *millions*. Comment la chose est-elle advenue avec un pays qui étouffait dans l'argent, avec une administration qui suait l'or? M. Sayers, l'un des représentants du Texas, a établi (et personne ne l'a démenti) que les recettes de l'année courante s'élevaient à 2 milliards 255 millions, tandis que les dépenses s'élevaient à 2 milliards 310 millions.

Que s'est-il donc passé et comment en une caisse vide cette caisse pleine s'est-elle changée? De la façon la plus simple du monde: on a tant puisé dans la caisse qu'à la fin il n'y a plus rien eu. De plus, le gouvernement des États-Unis a voulu faire grand; il a racheté en dix mois pour un milliard de rentes 4 et 4 $^{1}/_{2}$ p. c. Mais il n'a pas attendu pour faire ces rachats le moment où il avait le droit de les faire: il a acheté aux cours de la Bourse et il a payé 1,200 millions un milliard de rentes! Et de tout cet ensemble de fautes résulte un gâchis formidable, qui fait que la situation financière des États-Unis est loin d'être bonne qu'ils sont loin les 150 millions de dollars d'excédent trouvés par M. Harrison à son avènement au pouvoir.

Élections.

Il résulte des derniers renseignements reçus, que les élections ne laissent aucune doute sur les conséquences futures : les républicains savent maintenant à quoi s'en tenir sur la popularité de leur politique économique, car les élections du 4 novembre ont été un plébiscite sur le bill Mac-Kinley. Que le Sud et l'Ouest aient condamné le bill cela n'a rien de surprenant, ces Etats étant essentiellement agricoles. Ce qui est plus significatif c'est la défaite des républicains dans certains Etats de l'Est. En résumé le triomphe des démocrates est complet et il surpasse toutes les prévisions qu'ils ont pu faire. Dans la Chambre actuelle, en exercice jusqu'au 4 mars prochain, il y avait une majorité républicaine de 28 voix au maximum, soit 179 républicains contre 151 démocrates.

La Chambre future comptera 89 républicains contre 243 démocrates, soit une majorité de 154 voix en faveur des seconds.

Le Sénat est encore républicain, mais sa majorité de quelques voix, est réduite à 2 ou à 4 voix, selon les résultats de quelques scrutions partiels et les renouvellements électoraux de 1891 menacent, de faire disparaître jusqu'au souvenir de cette majorité.

L'avenir est donc assuré aux démocrates et la disparition du bill Mac-Kinley n'est plus qu'une question de temps.

Quelques renseignements encore sur le Bill.

Le *Journal des Débats*, publiait ces jours derniers, une correspondance de Londres où on lisait :

« Un des effets du bill Mac-Kinley a été d'engager l'Angleterre à chercher à resserrer les liens commerciaux qui l'unissent à ses colonies afin d'y trouver des débouchés pouvant remplacer celui que la nouvelle politique des Etats-Unis vient de fermer à ses produits.

« Le Canada, comme étant la colonie qui le bill Mac-Kinley affecte le plus directement et le plus immédiatement, a été le premier à se tourner vers la mère patrie. A la suite de la correspondance échangée entre le Canada et l'Angleterre, le Colonial Office la invité les agens généraux des colonies à prier leurs gouvernements respectifs de lui faire connaître leurs vues sur la situation commerciale actuelle, afin de la soumettre à un comité qui a été chargé d'examiner la question.

« Avant même d'avoir reçu des instructions spéciales de leurs gouvernements, les agents généraux ont, d'un commun accord, exprimé l'opinion qu'il y a deux réformes indispensables à introduire dans l'état de choses actuel. La première consiste *a dénoncer les traités conclue avec la Belgique et l'Allemagne, qui empêchent les colonies de donner à la mer patrie des avantages commerciaux particuliers;* la seconde, à déclarer que les traités de commerce conclus avec l'Angleterre par les puissances étrangères ne seront applicables aux colonies que si celles-ci y consentent.

« Ces deux traités avec l'Allemagne et la Belgique portent que les colonies ne peuvent frapper les produits allèmands et belges à leur entrée de droits supérieurs à ceux que doivent acquitter les produits similaires anglais. Dans les colonies donc, les manufacturiers anglais sont mis sur le même pied que ceux des autres pays, et c'est là ce que l'on voudrait eviter. Le but, évidemment, est de donner des avantages spéciaux aux produits de la mère patrie, qui peut trouver ainsi dans ses colonies des débouchés qui remplaceront celui qu'elle perd en Amérique.

« Si les colonies et l'Angleterre arrivaient à une entente commerciale de cette nature, qui paraît fort probable, le bill Mac-Kinley pourrait bien avoir des conséquences politiques d'une grande importance. En effet, le jour où cette alliance commerciale entre les colonies et la mère patrie sera un fait accompli, en aura fait un grand pas vers la fédération impériale; mais un grand pas seulement, car, avant de faire la fédération, il faudra concilier les intérêts des diverses colonies qui, précisément au point de vue commercial, sont loin d'être identiques. »

Cette opinion, nous semble, en désaccord avec les paroles prononcées par Lord Salisbury, chef du Cabinet anglais, au banquet d'inauguration du dernier Lord Maire de Londres, ou il s'est exprimé nettement sur le bill Mac-Kinley. qu'il regrettait, disait-il, mais sans songer à user de représailles.

Dans son discours à Dundée, le leader du parti libéral, M. Gladstone était tout à fait du même avis.

D'après cela, on ne peut accueillir qu'avec réserve la communication londonnienne du *Journal des Débats*, nous semble-t-il.

*
* *

Dans le courant d'Octobre dernier, il y a eu à Quebec, une adjudication pour un nouveau service de bateau à vapeur entre le Canada et le vieux Continent. Plusieurs compagnies maritimes anglaises et allemandes et une importante compagnie française y avaient pris part.

La création de ce premier service direct transatlantique est la conséquence immédiate de la nouvelle politique économique des États-Unis. On prévoit qu'avant peu il se développera au Canada une industrie de contrebande qui attirera à elle tous les produits européens que l'exagération des tarifs, empêche de passer ouvertement la frontière des États-Unis, et qui se chargera d'écouler ces produits en fraude par la frontière canadienne, où la surveillance exigée par l'application du bill Mac-Kinley est radicalement impossible.

On assure que le gouvernement anglais ne chercherait en aucune façon à enrayer ce mouvement irrésistible de la contrebande canadienne, qui protégers d'une façon providentielle le développement de son commerce d'exportation.

On fait remarquer, en outre, que la nouvelle direction que va prendre la navigation transatlantique est de nature à accroître considérablement la prospérité du Dominion, et que, de la sorte, le succès de la doctrine panaméricaniste et dés idées d'annexion, soigneusement propagées dans tout le Canada, va devenir beaucoup plus improbable que par le passé.

*
* *

Les journaux anglais publient la communication suivante :

Le bill Mac-Kinley a déjà produit des effets désastreux sur le service de la navigation à vapeur transatlantique. Les résultats des enquêtes faites dans les bureaux de New-York des différentes lignes montrent que les navires français de la *Compagnie générale Transatlantique* sont les seuls qui conservent leur fret. Ce fret se compose de la catégorie de marchandises la plus chère (soiries, vins de Champagne et objets de luxe). On ne constate pas de diminution dans l'expédition de ces marchandises, et il ne paraît pas qu'on doive s'y attendre. Toutefois, les lignes qui transportent actuellement les genres de marchandises les plus ordinaires sont celles qui sont le plus éprouvées. Le *Lloyd de l'Allemagne du Nord* déclare que le chiffre d'affaires de l'année courante présentera sur celui de l'exercice précédent une différence de 50 %. La réduction a porté principalement sur le coton, la laine et la tapisserie. La *ligne Inman*, a réduit de deux le nombre de ses vapeurs; mais bien que cette mesure ait été prise pour d'autres raisons que celle sus-indiquée, la diminution de l'effectif des navires ne causse aucun embarras à l'administration de la ligne. On raconte que le directeur de l'une des lignes intéressées aurait dit ce qui suit:

« Le bill aura pour résultat une augmentation énorme de la contrebande, qui s'exerce actuellement d'une manière désordonnée.

« En ce moment les Américains vont en Europe avec un malle et en reviennent avec cinq ou six. A l'avenir, ils en rapporteront quinze. »

On voit par ces quelques lignes clairement, que les conséquences du bill Mac-Kinley se font déjà sentir et qu'on cherche à en atténuer les rigueurs.

Si partout, on étudie la question de nouveaux débouchés, de modifications aux traités de commerce, etc., on ne peut passer sous silence le voyage à l'Etranger du ministre des finances du Canada, qui va tenter vers les pays du Sud, de modifier et de nouer plus étroitement les rapports commerciaux du Dominion. C'est peut-être un exemple à imiter comme aussi la création des consuls généraux dans les grands centres de l'Amérique du Sud, tels que Rio de Janeiro, Buenos-Ayres, Mexico, etc.

P. S. Le Moniteur Belge vient de publier dans la collection des tarifs douaniers, celui des États-Unis du 6 Octobre 1890. (Mac-Kinley).

Décembre 1890

www.ingramcontent.com/pod-product-compliance
Lightning Source LLC
LaVergne TN
LVHW010037230826
846091LV00005B/1740

* 9 7 8 2 0 1 2 9 3 5 2 9 7 *